宜昌博物馆

馆藏文物图录

Cultural Relics Collection of Yichang Museum

陶瓷卷

宜昌博物馆　编

文物出版社

图书在版编目（CIP）数据

宜昌博物馆馆藏文物图录. 陶瓷卷 / 宜昌博物馆编. --

北京 : 文物出版社, 2019.7

ISBN 978-7-5010-6173-0

Ⅰ. ①宜… Ⅱ. ①宜… Ⅲ. ①出土文物—宜昌—图集②古代

陶瓷—宜昌—图集 Ⅳ. ①K873.633.2

中国版本图书馆CIP数据核字(2019)第111006号

宜昌博物馆馆藏文物图录·陶瓷卷

Cultural Relics Collection of Yichang Museum

编　　者　宜昌博物馆

责任编辑　宋　丹
责任印制　张　丽
装帧设计　李　兵　唐凛然
出版发行　文物出版社
地　　址　北京市东直门内北小街2号楼
邮　　编　100007
网　　址　www.wenwu.com
邮　　箱　web@wenwu.com
印　　刷　北京雅昌艺术印刷有限公司
经　　销　新华书店
开　　本　889mm×1194mm　1/16
印　　张　11.5
版　　次　2019年7月第1版
印　　次　2019年7月第1次印刷
书　　号　ISBN 978-7-5010-6173-0
定　　价　218.00元

前言

恩格斯说："野蛮时代的最低级阶段是由制陶术的应用开始的。"陶器的出现掀开了人类文明的序幕，在制陶技术不断发展的基础上出现了瓷器。陶是渊源，瓷是传承，二者相互融合，相互促进，共同繁荣，共同展示着土与火的艺术。陶瓷器所具有的文化历史属性在人类的生活器具中最突出。其发展史是中华民族发展史的重要组成部分，中国古代在科学技术上的成果与对美的追求与塑造，在许多方面都是通过陶瓷制作来体现，并形成各时代典型的技术与艺术特征。

陶瓷类文物在宜昌博物馆数万件藏品中占有很大比例，其中不乏别致典雅、独具代表性的器物。本书挑选其中的精品，分陶器和瓷器两篇，以年代为序，展示从新石器时代城背溪文化到中华民国时期的馆藏陶瓷器。

陶器的产生与农业的出现和发展有着密切的联系。城背溪文化是长江中游新石器时代中期早段的典型代表，该时期陶器普遍夹炭，可以很明显的看出稻壳和稻草的痕迹，表明城背溪已具备了早期稻作农业。该时期陶器多用泥片贴筑法，胎壁厚薄不均，外表布满交错绳纹。基本器形可归纳为罐釜、盘钵和支座三大类。

城背溪文化十字纹陶支座，出土于秭归朝天嘴遗址。夹砂红陶，圆盘形顶，中段为上窄下宽的四棱方柱形，喇叭形底。顶面饰十字形戳印纹，中段饰四条纵向按窝纹，顶部与底部外缘各饰一周横向按窝纹。其造型凝重、纹饰繁缛。陶支座是宜昌区域新石器时代陶器的典型代表，最早见于杨家湾遗址，从分布范围来看，主要集中在湖北西部的西陵峡沿岸及毗邻地区。从城背溪文化到大溪文化，陶支座延续了一千余年，其纹饰经历了由繁到简的发展历程。学界研究推测，陶支座少部分可能作炊器的附件使用，大部分则可能为一种宗教祭祀器具。

大溪文化年代大致与黄河流域的仰韶文化中期相当，该时期陶器以夹砂和泥质红陶为主，也有少量白陶发现。大溪文化流行彩陶，多用黑彩绘制在细泥质红陶器表面，也有少量在磨光黑陶表面用红彩绘制，纹饰主要有弧线纹、条带纹、绳索纹、人字纹、菱形纹、回纹等。

馆藏大溪文化陶器中，以大量彩陶片最为引人注目，它们多为杨家湾遗址出土，红底黑彩，笔法简练、纹饰流畅，体现了早期人类的审美需求，具有重要的历史意义和美学价值。就大溪文化的彩陶与陶器形制看，其与仰韶文化之间曾有过密切的交流。

屈家岭文化大体和仰韶文化晚期时代相当，该时期陶器以夹砂和泥质红陶为主，并有一些灰陶与黑陶，也有少量白陶。陶器以素面为主，少量饰有弦纹、篮纹、刻划纹、附加堆纹与镂刻。部分细泥质磨光陶器也有用黑彩或橙黄彩绘制的纹饰。

这一时期馆藏陶器以细泥质灰黑陶器最具特色，器形主要有浅腹碗、浅腹盘、直腹杯等。屈家岭文化镂孔圈足黑陶碗，出土于杨家湾遗址。泥质黑陶，大口内敛，弧腹下收，圈足较矮，外撇。足有四个镂孔，外底有"W"形刻划符号。

夏商时期，宜昌地区陶器以灰陶为主，并有一些夹砂红陶、泥质黑皮陶、泥质灰皮陶和橙黄陶。器形主要有釜、鼎、鬶、灯形器、豆、盉、杯、瓮、壶、盘等；器表装饰以条纹、方格纹等几何纹饰为主，并有一些刻划纹、绳纹和弦纹。

商代管流袋足陶盉，出土于秭归朝天嘴遗址。夹砂黑皮褐陶，模制而成。圆顶，顶部中间有一圆柱状钮，钮径上大下小，半圆形口，鼓颈收腹，顶、颈之间一侧设有一断面呈梯形的上翘管状短流，流下有一周凸起的宽带弦纹，颈、腹另一侧有一宽带状鋬，鋬面上刻有倒人字形纹与戳印纹，中部有一圆孔，三袋足较细高，连裆。该陶盉似与中原地区夏商时期同类器关系紧密，使我们对本地区夏商文化遗存有了更加深入的认识。

春秋时期的磨光黑皮陶以其表面漆黑鲜亮、光泽如新而命名，是我馆的代表性陶器类别之一。馆藏黑皮陶器有罐、壶、盉、豆、簋、鼎形器等。纹饰以三角纹、S纹、水波纹、放射纹、十字纹等为主。黑皮陶器制作工艺极其复杂。陶土经精细淘洗、充分提炼和陈腐。陶坯成型以后仔细修刮和打磨。在焙烧时，开始用氧化火焰，使胎体硬结，在焙烧即将结束时，火焰控制为还原焰，用浓烟熏翳，经过相当时间的渗炭，即成黑陶。黑陶表面呈现的光亮，主要是陶坯制成后尚未干透时，用光滑工具打磨的结果，其上的各类纹饰经过精心设计，使用更精细光滑的工具并附以原料进行打磨而成。磨光黑皮陶在楚文化陶器中"独领风骚"，经过两千多年的时代沧桑仍保存如新、熠熠生辉，在当时的制陶业中独树一帜。

馆藏战国时期陶器大致可分为日用陶器和随葬明器两大类，以夹砂灰陶和泥质灰陶为主，器形主要有釜、甑、豆、碗、瓮、鼎、瓿、敦、盒、盘、壶、罍等，器表多为素面或磨光，明器暗纹和彩绘较多。

双虎耳陶方壶，出土于当阳乌龟包。泥质灰陶，委角长方形口外侈，平折沿，高束颈，折肩，鼓腹，方圈足。颈至上腹附对称虎形双耳，虎口衔器口，虎尾上卷。该器器形较大，形制独特，应属随葬明器。

长江中游的两湖地区，是战国时期楚国统治中心区域，到了汉代，陶器种类和形制虽然与中原地区更加接近，但仍保留部分原有的楚地特征。

我馆藏有大量汉代的模型明器。如西汉尖顶四足附加堆纹陶仓，出土于宜昌前坪。泥质灰陶。侈口，平折沿，筒形腹，上口比下底略大，平底，正方体四足，腹中部有一道方形仓门，仓门下附锯齿状楼梯至仓底。仓盖为攒尖顶，顶部一乳突。腹部饰两组四周绳索状附加堆纹，盖面饰瓦楞纹。仓、灶、井等模型明器的出现，是汉代厚葬之风盛行和"事死如生"观念的体现。

随着制陶技艺的日益精湛，瓷器逐渐进入人们的视野。我馆瓷器藏品年代跨度较大，上溯魏晋南北朝，下至中华民国，以民窑产品为主，多为日用瓷器。早期以青瓷、影青瓷、白瓷、黄釉瓷器为主，晚期各种颜色釉出现，随着装饰技法的发展和纹样的演变，青花瓷逐渐占据了主要地位。

两晋南北朝时期，宜昌地区青瓷发展迅猛，器类丰富，大多为生活实用器，如扁壶、虎子、鸡首壶、尊、盏盘、托碗等。早期多见动物形装饰，生动美观；晚期动物形象逐渐减少，简朴实用。

虎子为古代溺器，民间俗称"夜壶"，有铜、陶和瓷制品，除日常所用，也做随葬品。馆藏南朝青釉瓷虎子，直口翘伸，上部贴塑虎头，鼓目翘鼻作愤怒状，虎身肥硕，背部有扁圆形拱桥状提梁，提梁背面有菱形带状凹槽，虎尾内卷，虎腿健壮，四足呈跪立状，虎爪翘起，虎腹较平。

唐代瓷器品种和造型新颖多样，制作精细，远超前代，形成了以浙江越窑为代表的青瓷和以河北邢窑为代表的白瓷两大系统，即"南青北白"。在馆藏的唐代瓷器类别中，以文具最为特别。科举之风盛行推动了文具的生产，成为各地窑业的重要产品。瓷质文具以砚台、水注、水盂等最具代表性。唐青瓷辟雍砚，出土于当阳岱家山。圆盘形，口微敞，圆唇，浅腹，砚池圆凸，高出口沿，池面有磨痕，凹底，矮圈足。辟雍砚是流行于南朝至唐宋的一种瓷砚，以其圆形而周边环水如辟雍而得名。

在宋代，为了适应瓷器对外输出的需要，涌现出数以百计的瓷窑，在制瓷工艺上获得了很多新成就。宋代瓷器胎质洁白，与前代的灰胎、灰白胎相比，进步显著；窑炉均依山而建，长度增加，装烧容量也成倍增加。南宋时期，烧出了粉青和梅子青釉，将青瓷提高到了新的高度。

影青釉产生于宋代，釉色介于青、白之间，加上瓷胎极薄，莹润精细，刻划花纹于光照之下内外皆可见。宜昌中堡岛遗址出土一件影青釉瓷粉盒，盖、身同形，扣合作矮扁的六棱瓜形，子母口，外沿呈葵形，浅腹，平底，器内三小碗似盛开的荷花，间饰四朵苞蕾与根茎。盖面略微隆起。该器晶莹如玉，造型生动，独具匠心，将实用性与艺术性完美融合，是不可多得的影青瓷佳品。

我馆的晚期瓷器中，青花瓷数量最大，器形有碗、盘、缸、枕、虎子、瓶、锺、香炉等，纹饰以动物纹、花卉纹为主，还有一些写意纹饰，造型简练、纹饰自然。1993 年，在宜昌中堡岛遗址东区发现一个窖藏坑，出土大批青花瓷碗，这些碗内外壁饰青花龙纹或花卉纹。色泽淡雅、纹饰飘逸，是宜昌在这一时期的代表性瓷器。

宜昌博物馆藏陶瓷器种类繁多，地域特点浓厚，是宜昌地区政治、经济、社会、文化各方面的历史见证。奉献此书给广大读者，意在向社会各界介绍宜昌地区的陶瓷文化，以期馆藏陶瓷类藏品能得到更多关注和更好保护，也希望对中国陶瓷史研究有所助益。

余朝婷

目录

陶器

城背溪文化小口冬瓜形陶罐

一级文物
新石器时代
通高 14.3 厘米，口径 5.8 厘米，腹径 13.3 厘米
秭归朝天嘴出土

小直口，方唇，平沿，矮颈，溜肩，冬瓜形深腹，凹底。肩部有两个小圆孔与一周刻划波折纹。泥质红陶。

城背溪文化十字纹陶支座

新石器时代
顶径9.2厘米，底径12.2厘米
秭归朝天嘴出土

圆盘形顶，中段为上窄下宽的四棱
方柱，喇叭形底。顶面饰十字形戳
印纹，中段饰四条纵向按窝纹，顶
部与底部外缘各饰一周横向按窝纹。
夹砂红陶。

城背溪文化刻印叶脉纹陶支座

新石器时代
通高17.5厘米，顶径8.5厘米，底径12厘米
秭归朝天嘴出土

圆盘形顶，中央有一深凹坑，柱形器体
上细下粗，器壁斜直，平底，中部内凹。
顶饰十字形刻印纹，器体饰叶脉形刻印纹。
夹砂红陶。

城背溪文化细绳纹陶釜

新石器时代
通高 21.9 厘米，口径 16.1 厘米，腹径 24.5 厘米
秭归朝天嘴出土

侈口，圆唇，球形鼓腹，圜底。器表饰细绳纹并略加打磨。夹砂红陶。

城背溪文化圜底陶釜

新石器时代
口径 15.5 厘米，腹径 17 厘米
秭归朝天嘴出土

侈口，方唇，斜高领，圆腹，领腹交接处有内折棱，圜底。通体饰浅细绳纹。夹砂红陶。

城背溪文化人形陶支座

新石器时代

残高 7.8 厘米

巴东楠木园出土

人形，可分辨眼、鼻、口、乳，两乳间有一按窝，下部残。器表饰绳纹。夹砂红陶。

大溪文化斜腹陶碗

一级文物

新石器时代

通高 9.5 厘米，口径 14.6 厘米

宜昌中堡岛出土

敞口，斜直深腹，平底，矮圈足。圈足饰三道凸弦纹，器表施黄色陶衣。

大溪文化陶尊

一级文物

新石器时代

通高 13.6 厘米，口径 16 厘米，底径 10 厘米

宜昌中堡岛出土

敞口，宽沿略外卷，圆唇，粗颈，鼓腹，矮圈足外撇。上腹饰一周戳印点纹。夹砂红陶，器表施红色陶衣。

大溪文化陶尊

新石器时代
通高 14.4 厘米，口径 11.7 厘米，腹径
9.7 厘米，底径 9.7 厘米
宜昌中堡岛出土

侈口，束颈，鼓腹，喇叭状圈足。腹底中心有一个直径 2 厘米的圆孔与圈足相通。夹砂红陶。

大溪文化高圈足陶盘

一级文物

新石器时代

通高 11.5 厘米，口径 18.6 厘米，底径

14.9 厘米

宜昌中堡岛出土

敛口斜内折，圆唇，浅弧腹，圜底，高圈足下部外撇。近口沿处饰一周弦纹，圈足饰戳印纹与镂孔。器表施红色陶衣。

大溪文化高圈足陶簋

一级文物
新石器时代
通高 14 厘米，口径 16 厘米，圈足径 12.4 厘米
宜昌中堡岛出土

敛口，斜沿，圆唇，曲腹较深，高圈足中部收束，下部外撇。口沿外饰两周凹弦纹，圈足饰六组镂孔，每组包含五个竖条形镂孔。泥质陶，内壁与口沿外一周呈黑色，其他部位施红色陶衣。

大溪文化鼓腹红陶壶

一级文物

新石器时代

通高 17 厘米，口径 10 厘米，圈足径 8.8 厘米

宜昌中堡岛出土

直口，方唇，沿面略内凹，高直领，圆鼓腹，矮圈足略外撇。泥质陶，内壁呈黑色，外壁施红色陶衣。

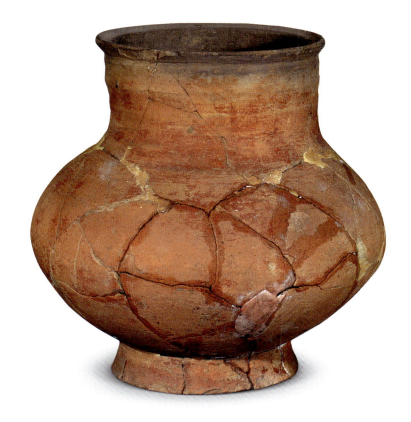

大溪文化镂孔陶支座

一级文物

新石器时代

通高 18 厘米，口径 9.6 厘米，底径 16.2 厘米

宜昌中堡岛出土

整体呈喇叭形，上小下大，上下透空，侈口，方唇，微内斜沿，底部平沿。器表上、中部饰戳印点纹与竖条形镂孔，下部刻划有斜线纹。夹细砂红褐陶。

大溪文化猪嘴形陶支座

一级文物

新石器时代

通高 16.4 厘米，顶面长 6.9 厘米，宽 5.7 厘米，底径 15 厘米

宜昌中堡岛出土

器物上部向一侧弯曲，圆形顶面斜平，其下一侧斜收又有一平面，形成猪嘴造型，再往下有两个弧角方孔，似两只眼睛，喇叭形底部。夹砂褐陶。

大溪文化叶脉纹陶支座

新石器时代
通高 16.9 厘米，顶径 9 厘米，底径 11.4 厘米
秭归朝天嘴出土

顶部呈圆饼形，柱形器身，壁斜直，下残。顶面饰以十字形及成组刻印纹、戳印纹，器身由戳印纹及刻印纹组成叶脉状图案。夹砂红陶。

大溪文化圈足陶盘

敞口，沿内折，浅弧腹，圈足外撇。夹细砂红褐陶。

一级文物

新石器时代

通高 6.4 厘米，口径 19.4 厘米，底径 12.5 厘米

宜昌中堡岛出土

大溪文化扁鼓腹陶杯

侈口，尖唇，高颈斜收，扁鼓腹，高圈足外撇。泥质红陶。

新石器时代

通高 14.2 厘米，口径 9.4 厘米，腹径 11.5 厘米，底径 7.9 厘米

巴东楠木园 M14 出土

大溪文化斜弧壁陶碗

新石器时代
通高 8.4 厘米、口径 15 厘米、底径 9.2 厘米
宜昌市夷陵区青鱼背遗址出土

侈口，斜弧壁，矮圈足，圈足上有一周凸棱。
夹砂红褐陶。

大溪文化高圈足陶碗

新石器时代
口径 13.2 厘米、腹径 14.1 厘米、底径 10.8 厘米
宜昌中堡岛出土

敛口，尖唇，折腹，下腹弧收，高圈足外撇。
口沿下饰一周凹弦纹，圈足饰半刃状戳印纹。
泥质红褐陶，器内施黑衣。

大溪文化陶簋

新石器时代
口径 13.5 厘米，腹径 16.7 厘米，底径 11.9 厘米
宜昌中堡岛出土

敛口，圆唇，鼓腹，喇叭形圈足。夹砂红陶，外施红衣，内壁涂黑。

大溪文化黑陶簋

新石器时代

通高 10 厘米，口径 14.6 厘米，腹径 14.9 厘米，底径 9.1 厘米

宜昌中堡岛出土

敛口，斜折沿，尖唇，微鼓腹，矮圈足外撇。腹饰一道凸弦纹，足有对称的四组双戳点纹。细泥黑陶，轮制。

杨家湾刻划符号

新石器时代
宜昌杨家湾遗址出土

宜昌杨家湾遗址属大溪文化遗存，该遗址出土了大批带有刻划符号的陶片。刻划符号一般刻在陶器的圈足外底部，符号内容可分为自然类、植物类、动物类、人体类、工具器物类、

数字符号类、复杂结构类等。这批刻划符号的发现，为研究
中国文字起源提供了一批珍贵的实物资料。

屈家岭文化镂孔圈足黑陶碗

新石器时代
通高 9.2 厘米，口径 16.5 厘米，腹径 17.7 厘米，底径 7.8 厘米
宜昌杨家湾出土

大口内敛，弧腹下收，圈足较矮，外撇。足有四个镂孔，外底有"W"形刻划符号。通体黑色。

屈家岭文化黑陶碗

新石器时代

口外径 24.9 厘米，内径 22.6 厘米，底径 9.3 厘米

宜昌中堡岛出土

敞口，宽折沿下翻，弧腹，圈足外撇。下腹饰一周凸棱。泥质黑陶。

屈家岭文化双腹黑陶碗

新石器时代
口径 19.7 厘米，底径 9.5 厘米
宜昌中堡岛出土

敞口，仰沿内弧，尖唇，弧腹，腹中部一周凸棱将腹部划分为两部分，圈足，近足底处一周凹弦纹。泥质黑陶。

屈家岭文化斜腹竖条纹陶杯

新石器时代
通高 10.9 厘米，口径 8 厘米，腹径 8.1 厘米，底径 6.8 厘米
宜昌中堡岛出土

敛口，折沿微仰，尖唇，直腹外斜，下腹渐宽。高圈
足外撇。腹饰刻划竖条纹。泥质橙黄陶。

屈家岭文化斜腹竖条纹陶杯

新石器时代
通高 11.9 厘米，口径 8.4 厘米，底径 7.9 厘米
宜昌中堡岛出土

口微敛，折沿，尖唇，上腹近直，下腹外斜，
平底，高圈足外撇。腹饰竖条纹。泥质红褐陶。

屈家岭文化双腹黑陶豆

新石器时代

通高 13.2 厘米，口径 19.5 厘米，底径 10.9 厘米

宜昌中堡岛出土

敞口，尖唇，腹中部收束形成双腹，下腹弧收，镂空高圈足，足底起凸沿。下腹饰一周凸棱。通体黑色。

屈家岭文化双腹高圈足磨光黑陶豆

新石器时代

通高 20.2 厘米，口径 20.3 厘米，底径 12.2 厘米

秭归仓坪出土

仰沿，圆唇，腹中部收束形成双腹，下腹饰一周凸棱，高圈足略微外撇，并饰有镂孔，足底起凸沿。泥质磨光黑陶。

屈家岭文化镂孔高圈足黑陶盘

新石器时代
高 18.1 厘米，口径 20.3 厘米，底径 12.4 厘米
巴东楠木园 M5 出土

仰沿外斜，浅直腹，圈足甚高，其上饰镂孔，足底起凸沿。
泥质黑陶。

屈家岭文化折腹高圈足陶盉

新石器时代
通高 10.7 厘米，口径 7.8 厘米，腹径 12.7 厘米，底径 8.1 厘米
秭归仓坪出土

侈口，圆唇，短束颈，扁折腹，下腹近平，高圈足饰镂孔，足底起凸沿。黄褐陶。

屈家岭文化折腹高圈足陶盉

新石器时代
通高 11.3 厘米，口径 7.5 厘米，腹径 11.6 厘米，底径 8.2 厘米
宜昌中堡岛出土

宽仰折沿，圆唇，扁折腹，下腹近平，高圈足外撇，足底起凸沿。足上饰三个镂孔，器体上部泛黄黑色，下部呈黑色。

屈家岭文化折腹黑陶盂

新石器时代
口径8.5厘米，腹径13.7厘米，底径7.2厘米
宜昌中堡岛出土

敛口，圆唇，仰折沿，扁折腹，下腹近平，
圈足，足底起凸沿。泥质黑陶。

屈家岭文化扁腹黑陶盂

新石器时代
通高6.7厘米，口径5.6厘米，腹径9.8厘米，底径6.6厘米
宜昌中堡岛出土

侈口，圆唇，溜肩，扁腹略折，下腹弧收，圈足外撇。
细泥质黑陶。

屈家岭文化戳印点线纹陶球

新石器时代
直径 4 厘米
宜昌中堡岛出土

中空球形，器表饰戳印的连续点纹组
成的相互交错的三线纹，三线纹交叉
处有数个细小圆孔。夹细砂灰褐陶。

屈家岭文化戳印点线纹陶球

新石器时代
直径 4 厘米
宜昌中堡岛出土

中空球形，器表饰戳印的连续点纹组成
的相互交错的双线纹，并有四个对称圆孔。
夹细砂红褐陶。

双耳竖条纹陶罐

新石器时代
通高 10.2 厘米，口径 9 厘米
腹径 13.5 厘米，底径 7.5 厘米
秭归宜庄坪 M84 出土

侈口，短束颈，鼓腹，平底，口沿至颈部附一对环耳。器身饰竖条纹。泥质褐陶。

管流袋足陶盉

一级文物

商

通高 38 厘米

秭归朝天嘴出土

圆顶，顶部中间有一圆柱状纽，纽径上大下小，半圆形口，鼓颈收腹，顶、颈之间一侧设有一断面呈梯形的上翘管状短流，流下有一周凸起的宽带弦纹，颈、腹另一侧有一宽带状鋬，鋬面上刻有倒人字形纹与戳印纹，中部有一圆孔，三袋足较细高，连裆。夹砂褐陶。

管流袋足陶盉

商
通高 32.5 厘米，流径 2 厘米
宜都毛溪套出土

凸顶，管状短流，半圆形口，尖唇，鼓肩，收腹，肩至腹部一侧有宽带状鋬，鋬面饰刻划"V"字纹、竖条纹，三袋足较粗大。夹砂黄褐陶。

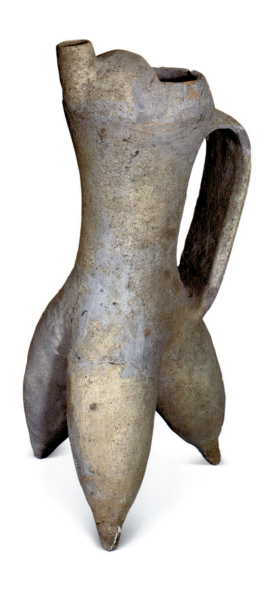

束腰桥形錾陶鬹

商

通高 29.3 厘米，口径 13.8 厘米

宜昌中堡岛出土

敞口，圆唇，弧状流，流下有两个对称的小泥丁，收腹，裆较高，三袋足，腰部一宽带状錾。上腹饰两道凹弦纹。夹砂灰黄陶。

敞口弦纹陶灯形器

商

通高 31.6 厘米，口径 18.1 厘米，底径 9.8 厘米

宜昌路家河出土

敞口，圆唇，直腹斜收，腹下部略外鼓，中空柱形高柄，覆杯形底座。腹、柄各饰宽凹弦纹数周。夹砂黑褐陶。

敞口弦纹陶灯形器

商

通高 25.7 厘米，口径 13.4 厘米，底径 9.6 厘米

宜昌中堡岛出土

敞口，窄折沿，圆唇，上腹斜直内收，下腹外鼓，中空柱形高柄，覆杯形底座。腹、柄、底座各饰数道凹弦纹。泥质灰褐陶。

大敞口圜底陶缸

商
口径 31.7 厘米
宜昌中堡岛出土

胎体厚重，大敞口，尖唇，直腹微束，向下斜收，圜底。口沿下一周附加堆纹，腹、底饰细网格纹。夹砂红陶。

小平底陶罐

商

口径 15.9 厘米

宜昌中堡岛出土

方唇，沿微外卷，广肩，腹部斜直内收，小平底略微内凹。灰褐陶。

羊角形陶杯

商

通高 12.8 厘米，口径 9.3 厘米，底径 3 厘米

宜昌中堡岛出土

口微敞，上腹斜收，下腹外壁起凸棱，小平底，上腹饰四道凹弦纹。灰褐陶。

竹节柄黑陶豆

商

通高 15.7 厘米，口径 13 厘米，底径 6.1 厘米，柄高 5.4 厘米

宜昌中堡岛出土

侈口，尖唇，上腹近直，下腹弧收，细柄中空至底，覆盘状器座。腹饰三周凸棱，上两周凸棱间饰刻划斜线纹，柄中部一周竹节状凸棱。泥质黑陶。

尖底附加堆纹陶尊

商
通高 21.3 厘米，口径 21.6 厘米
宜昌中堡岛出土

大敞口，弧腹内收，尖底。口沿下饰一周附加堆纹，腹饰细网格纹。夹砂红褐陶。

三角暗纹磨光黑陶罐

一级文物
春秋
通高 22.6 厘米，口径 14.2 厘米
当阳金家山 M249 出土

侈口，平折沿，方唇，高颈略束，广肩，鼓腹，下腹弧收，凹底。颈部饰两周凹弦纹，其间饰竖条暗纹，腹部与肩相连处饰三周凹弦纹与一周三角形暗纹。细泥质黑陶，经抛光处理，通体轮制，制作较精。

三角暗纹磨光黑陶罐

一级文物

春秋

通高 22.6 厘米，口径 14.2 厘米

当阳金家山 M249 出土

侈口，平折沿，方唇，高颈略束，广肩，鼓腹，下腹弧收，凹底。颈部饰两周凹弦纹，其间饰竖条暗纹，腹部与肩相连处饰三周凹弦纹与一周三角形暗纹。细泥质黑陶，轮制，通体磨光，制作较精。

三角暗纹磨光黑陶罐

一级文物
春秋早期
通高 11.6 厘米，口径 9.8 厘米，腹径 14.3 厘米，底径 5.2 厘米
当阳赵家湖墓群赵家塝 M1 出土

直口，平折沿，短直颈，小折肩，鼓腹，下腹弧收，小平底略内凹。上腹一周三角暗纹，腹中部一道凹弦纹，下腹中部一道细凹弦纹，下腹底部一道凸棱，下腹有削棱痕迹。泥质黑陶，轮制，通体磨光，制作较精。

短颈磨光黑陶罐

一级文物
春秋
通高 12.8 厘米，口径 9.8 厘米，
腹径 15.8 厘米，底径 6.4 厘米
当阳金家山 M9 出土

口微敛，宽平沿微外斜，圆唇，粗短颈略束，溜肩，圆鼓腹，下腹弧收，平底。泥质黑陶，轮制，通体磨光。

折腹磨光黑陶罐

春秋

通高 11 厘米，口径 9.8 厘米，腹径 14.9 厘米

当阳赵家湖墓群赵家塝 M1 出土

敞口，宽沿微内斜，圆唇，短束颈，广肩，折腹，平底。泥质黑陶，轮制，通体磨光。

鼓腹磨光黑陶罐

春秋早期

通高 12.4 厘米，口径 10.2 厘米，腹径 14.8 厘米，底径 8.2 厘米

当阳赵家湖墓群赵家塝 M1 出土

侈口，斜折沿，短束颈，溜肩，鼓腹略折，下腹斜收，平底。颈、肩部有断续的弦纹数道。泥质黑陶，轮制，通体磨光。

三角暗纹磨光黑陶罐

春秋早期

通高 19 厘米，口径 12.6 厘米，腹径 21.1 厘米，底径 6.4 厘米

当阳赵家湖墓群赵家塝 M1 出土

侈口，折沿，微束颈，溜肩，鼓腹，下腹斜收，小底内凹。颈部有两道凸棱，肩部有两道凹弦纹，其间饰三角形暗纹一周。泥质黑陶，通体磨光。

高圈足弦纹黑陶簋

一级文物
春秋
通高 20 厘米，口径 16.8 厘米，腹径 17.1 厘米
当阳赵家湖墓群赵家塝 M8 出土

整器似豆状，直口，平沿，沿面微内凹，方唇，颈略束，上腹微鼓，下腹弧收，高圈足上部为中空柱形粗柄，下部为喇叭形底座，底座外缘下弧。腹中部饰三周凹弦纹。泥质黑陶，轮制。

高圈足弦纹黑陶簋

一级文物
春秋
通高 20.3 厘米、口径 15.7 厘米、底径 16.2 厘米
当阳金家山 M2 出土

口微敛，沿面内斜，圆唇，颈略束，腹微鼓，上腹外斜，下腹弧收，高圈足上部为中空柱形粗柄，下部为喇叭形底座，底座外缘平折。腹中部饰五周凹弦纹，柄饰一周凹弦纹。泥质黑陶，轮制。

高圈足弦纹黑陶簋

春秋

通高 19.7 厘米，口径 15.4 厘米，底径 15.8 厘米

当阳赵家湖墓群赵家垱 M1 出土

口微敛，沿内斜，方唇。折腹，上腹外鼓，下腹弧收。高圈足上部为中空柱形粗柄，下部为喇叭形底座，底座外缘平折，上腹饰五周凹弦纹。泥质黑陶，局部光亮。

高柄暗纹磨光黑陶豆

一级文物
春秋
通高 15 厘米，口径 14.1 厘米
当阳金家山 M9 出土

豆盘敞口，圆唇，斜沿，浅弧腹，高柄较粗，中空，喇叭形底座，外缘向下弧曲。盘内饰十字暗纹，柄下部至底座饰一周放射状锐角三角暗纹。泥质黑陶，通体磨光。

波折十字暗纹黑陶豆

春秋
通高 14.3 厘米，口径 15.4 厘米，底径 11.2 厘米
当阳金家山 M249 出土

豆盘敞口，圆唇，浅弧腹，高柄较粗，中空，
喇叭形底座，其外缘向下弧曲。上腹饰两周凸
棱，下腹饰细弦纹，盘内饰波折十字暗纹，柄
下部至底座饰一周放射状锐角三角暗纹。泥质
黑陶，轮制，通体磨光。

十字形暗纹黑陶豆

春秋中期
通高 15.8 厘米，口径 14.4 厘米
当阳金家山 M9 出土

豆盘敞口，方唇，浅弧腹，高柄中空至底，喇叭形底座，底座外缘面微鼓。豆盘内饰十字形暗纹，盘腹中部一道凹弦纹，柄下部一道凹弦纹，底座弧面饰放射状锐角三角暗纹。泥质黑陶，通体磨光。

波浪暗纹黑陶豆

春秋

通高 15.7 厘米，盘径 15.2 厘米，底径 11.3 厘米

当阳金家山 M247 出土

豆盘口微敞，圆唇，浅弧腹，高柄中空，喇叭形底座，底座外缘起折。豆盘内饰三道波浪线暗纹，底座弧面饰放射状锐角三角暗纹。泥质黑陶。

立耳黑陶鼎

春秋

通高 16.1 厘米，口径 22 厘米，

当阳赵家湖墓群赵家塝 M2 出土

直口，窄斜沿，圆唇，浅直腹，圜底，梯形立耳，耳孔略呈圆形，三柱足有刀削痕迹。腹饰两道凹弦纹。夹细砂黑陶。

矮裆黑陶鬲

春秋
通高 11.5 厘米，口径 11.9 厘米，腹径 12.5 厘米
当阳金家山 M9 出土

敛口，宽沿，沿面微内斜，圆唇，腹微鼓，连裆，三凹足，平足根。泥质黑陶，通体磨光。

三角暗纹黑陶盂

春秋

通高 13.8 厘米，口径 20.5 厘米

当阳金家山 M2 出土

口微敛，宽沿微内斜，短颈，折肩，腹微鼓，下腹弧收，凹底。上腹饰两周凹弦纹，其间饰锯齿形三角暗纹与刻划纹。泥质黑陶。

绳纹陶鬲

一级文物

春秋

通高 22.3 厘米，口径 18.1 厘米

当阳金家山 M2 出土

口微敞，沿略内斜，圆唇，短束颈，溜肩，鼓腹，裆略鼓，连裆，柱足上粗下细，略外撇。器表满饰绳纹。泥质橙黄胎，外施红褐陶衣。

绳纹陶鬲

春秋

通高 27 厘米，口径 21.7 厘米

当阳金家山 M2 出土

口微敛，宽沿微内斜，短束颈，腹微鼓，连裆，锥状足，平足根。通体橙红色。

镂孔柄黑皮陶簋

春秋
通高 9.2 厘米，口径 12.1 厘米，底径 8.9 厘米
宜昌万福垴遗址出土

口微敞，平沿，方唇，矮直颈，浅鼓腹，圜底，矮直柄，喇叭形座，座起台，座缘弧鼓。颈下及座各饰一道凹弦纹，柄中部饰两道凹弦纹，其上下各饰两对称长方形镂孔。泥质褐胎黑皮陶，手制，口部轮制修整。

四耳菱形纹篮纹硬陶罐

春秋

通高 26.4 厘米，口径 13 厘米，腹径 31.2 厘米，底径 11 厘米

宜昌万福垴遗址出土

敛口，颈极短，鼓腹，平底，肩部附对称四环耳。肩饰菱形纹及凹弦纹，腹饰菱形纹及篮纹。夹砂灰褐陶。

戳印圆圈纹陶罍

东周

通高 10.7 厘米，口径 9.7 厘米，腹径 16.9 厘米，

底径 10.4 厘米

秭归官庄坪 M57 出土

直口，方唇，短直颈，扁鼓腹，平底。肩饰戳印圆圈纹，腹饰凹弦纹。夹细砂灰陶。

平裆绳纹陶鬲

东周
通高33厘米，口径40.7厘米
秭归官庄坪出土

侈口，方唇，唇面有凹槽，卷平沿，短束颈，鼓肩，弧腹，裆较平，柱足上粗下细。颈部绳纹抹平，颈部以下饰竖绳纹，肩部有两道凹弦纹。夹砂灰陶。

兽耳圆圈纹陶罍

战国早期

通高30.6厘米，口径18.2厘米，腹径32厘米，底径12.9厘米，

盖径20.2厘米

当阳金家山M229出土

直口，方唇，溜肩，鼓腹，下腹斜收，平底，肩部附两个对称兽形环耳；附盖，盖顶隆起，外缘下折。盖与肩部各饰数个圆饼，其内拍印密集圆圈纹，肩部还饰有一周凹弦纹。泥质红褐陶。

双虎耳陶方壶

战国
口短径 19 厘米，长径 20.3 厘米，底短径 15.2 厘米，
长径 15.4 厘米
当阳乌龟包 M1 出土

器形较大。委角长方形口外侈，平折沿，高束颈，折肩，鼓腹，方圈足。颈至上腹附对称虎形双耳，虎口衔器口，虎尾上卷。泥质灰陶。

附耳蹄足陶鼎

战国
口沿高 32.3 厘米，口径 42 厘米
当阳乌龟包 M1 出土

器形较大。直口，方唇，直颈，深腹近直，下腹弧收，圜底。颈部附一对长方形耳，耳略外撇，三蹄足外撇。上腹饰两周凹弦纹，蹄足顶端饰圆圈纹。泥质黄褐陶。

附耳蹄足罐形陶鼎

战国

口径 18.3 厘米，腹径 38.5 厘米

当阳马龟包 M1 出土

直口，方唇，直颈甚短，溜肩，扁球形腹，圜底。肩附一对方形耳，耳呈 S 形外侈，三蹄足外撇。肩部饰两周凹弦纹，其间饰 8 组圆饼形饰，每个圆饼内有 7 个圆圈纹，足顶端饰圆圈纹组成的兽首。泥质灰黄陶。

菱形彩绘纹褐陶鼎

战国
通高 13.5 厘米，口径 5.5 厘米，腹径 10.9 厘米
当阳岱家山 M43 出土

敛口，扁鼓腹，圜底，三细高蹄足。口沿外附外张的柄状双耳，弧顶盖，盖面附三凸纽。腹饰两周凹弦纹，并饰有菱形彩绘纹。泥质褐陶。

罐形红陶鼎

战国

通高 14 厘米，口径 8 厘米，腹径 13 厘米，
底径 6.3 厘米

当阳俗家山 M156 出土

小敛口，方唇，扁球形腹，圜底，三蹄足。口沿外附一对长
方形耳，耳外侈较甚。腹中部饰一周凸棱。夹细砂红陶。

附耳蹄足彩绘陶鼎

战国
通高30.3厘米，盖径25.7厘米，口径22.3厘米，
腹径25.4厘米
当阳俗家山 M125 出土

子母敛口，直腹，下腹弧收，圜底。肩部附一对方形耳，三
细高蹄足略微外撇，弧顶盖，盖面附三个变异鸟形纽，并饰
两周凸弦纹，盖顶中间附衔环，腹部饰一周凸棱，原有彩绘
已脱落。泥质褐陶。

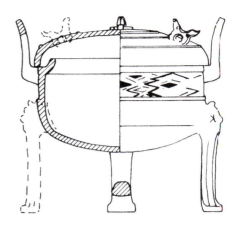

鹿形陶镇墓兽

战国中期

通高 25.2 厘米，长 24 厘米，宽 14 厘米

当阳岱家山 M146 出土

整体呈半卧鹿形，头平伸，尖吻如喙，直颈，曲身侧卧，蹄足并拢。夹细砂灰褐陶。

带提梁弦纹陶鐎壶

战国

通高 24.6 厘米，口径 8.8 厘米，腹径 18.3 厘米

当阳岱家山 M157 出土

敛口，方唇，扁球腹，圜底。三蹄足较细高，肩部附宽扁的 Ω 形提梁，肩腹饰两周凹弦纹与一周凸棱。泥质褐陶。

椭球形变异鹿状纽彩绘陶敦

战国
高 27.3 厘米，腹径 20.8 厘米
当阳岱家山 M163 出土

身盖同形，子母口扣合成竖椭球形。器身敛口，口沿外附一对环纽，下腹附三个变异鹿状纽足，腹饰两周凹弦纹，原有红白黑三色彩绘，现已大部分脱落。器盖形制纹饰相同。泥质褐陶。

彩绘陶簠

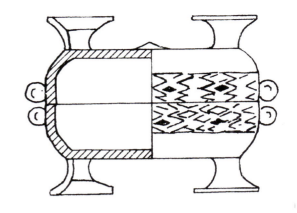

战国
通高 16.9 厘米，口长 19 厘米，宽 15.4 厘米
当阳岱家山 M131 出土

身盖同形，扣合呈扁长方形。器身长方形口，平唇，折腹，
上腹竖直，下腹斜收，上腹两侧附对称环耳，底部附四矩形足。
器身饰红黑彩绘，大部分已脱落。器盖形制相同。泥质灰陶。

S 形纽盖黑皮陶盒

战国

通高 18 厘米，口径 14.4 厘米，腹径 16.3 厘米，
底径 8.7 厘米

秭归庙坪 M102 出土

盖身形制相近，子母口扣合呈扁球形。器身子口，方唇，浅弧腹，
圈足外撇。盖为覆钵形，方唇，附三个 S 形纽。夹砂褐胎黑皮陶。

铺首衔环连珠波折纹陶壶

战国

通高 31.3 厘米，口径 9.8 厘米，腹径 17 厘米，
底径 11.5 厘米

秭归卜庄河 M53 出土

侈口，高束颈，鼓腹，假圈足，肩部附一对铺首衔环，弧顶盖，盖沿下折，盖面附三鸟形纽。颈部饰两组四周凹弦纹与两周连珠波折纹，腹部饰两组四周凹弦纹，盖面饰及两周凸弦纹。泥质灰黑陶。

连珠纹陶壶

战国
口径 8.4 厘米，腹径 14.8 厘米，底径 9.8 厘米
当阳脚东何家山 M17 出土

子口微敛，高领，溜肩，鼓腹，圈足外撇。弧顶盖，盖顶附四环耳，盖沿下折与器口扣合，盖沿中部内凹。器腹饰两周凹弦纹，间饰两周连珠纹。泥质灰黄陶。

铺首衔环彩绘卷云纹陶壶

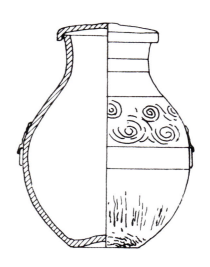

战国
通高 28 厘米，口径 10.9 厘米，腹径 20 厘米
当阳岱家山 M43 出土

敞口，束颈，鼓腹，凹底。覆浅盘形盖。腹部附两个对称铺首衔环。器身有黑、红、白三色彩绘，其中上腹饰红彩卷云纹。泥质褐陶。

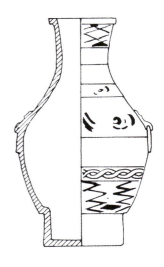

彩绘菱形纹陶钫壶

战国

通高 33.6 厘米，口长 9.6 厘米，腹宽 18.5 厘米，底边

长 11 厘米

当阳岱家山 M125 出土

方口微侈，方唇外折，高领，方形鼓腹，假方圈足，平底。

肩饰两个对称铺首衔环。器身饰红白黑三色彩绘菱形纹与绚

纹。泥质褐陶。

宽流凸纽黑陶匜

战国
通高 4.2 厘米, 通长 11.7 厘米, 通宽 11 厘米
当阳岱家山 M122 出土

椭圆形口, 圆唇, 口沿一侧附一凸纽,
另一侧带宽流, 流中部收束, 弧腹, 平底。
泥质红胎黑陶。

球腹高圈足带盖陶杯

战国
通高 17.6 厘米, 口径 7 厘米, 盖径 7 厘米,
腹径 10.5 厘米, 底径 8.3 厘米
当阳岱家山 M153 出土

直口, 方唇, 直颈, 球形腹, 喇叭形
高圈足, 覆半球形子母口盖。泥质橙
红陶。

尖顶四足附加堆纹陶仓

西汉

通高 27.3 厘米，口径 19.7 厘米，底径 16.3 厘米，
盖径 30.6 厘米

宜昌前坪 M73 出土

侈口，平折沿，筒形腹，上口比下底略大，平底，正方体四足，腹中部有一道方形仓门，仓门下附锯齿状楼梯至仓底。仓盖为攒尖顶，顶部一乳突。腹部饰两组四周绳索状附加堆纹，盖面饰瓦楞纹。泥质灰陶。

庑顶式陶仓

西汉

通高 30.5 厘米，仓口长 26 厘米，宽 19.4 厘米

宜昌前坪 M64 出土

长方形腹，上腹略宽，下腹略窄，一面开方窗，窗下三级楼梯，楼梯下外伸一平台，平底下有四矩形足。庑顶，四面均饰筒瓦与卍形纹圆瓦当。泥质灰陶。

曲尺形灰陶灶

西汉

通高 20 厘米，长 31.5 厘米，宽 23 厘米

宜昌前坪 M69 出土

平面呈曲尺形，三个圆形火孔承釜，侧面有两个半圆形火门。后侧立有挡风板，其上刻有曲形烟道。泥质灰陶。

彩绘卷云纹陶钫壶

西汉

通高 38.5 厘米，盖径 12.8 厘米，腹径 19 厘米，

底径 14 厘米

秭归卜庄河 M36 出土

方口，方唇，束颈，方腹外鼓，方圈足外撇，覆斗形子口盖，
平顶。器身饰朱红色彩绘，其户口沿外为三道宽带纹与一周
倒三角纹，腹部为五道宽带纹与一周卷云纹，圈足饰三道宽
带纹。泥质灰黑陶。

弦纹彩绘陶盒

西汉

通高 13.1 厘米，口径 16.6 厘米，腹径 18.8 厘米，
底径 9.5 厘米，盖径 18.7 厘米
秭归卜庄河 M36 出土

子母敛口，弧腹，平底。盖与器身形制相近，盖顶饰圆环形抓手。
盖、腹饰凹弦纹，盖面有红色彩绘。泥质灰陶。

五连陶罐

东汉

通高 20 厘米，口径 15.2 厘米，腹径 27.5 厘米，底径 18.2 厘米

宜昌市星火路 M3 出土

敛口，方唇略内凹，溜肩，鼓腹，平底。肩部附四个小罐，小罐直口，方唇，鼓腹，平底。泥质灰陶。

立姿陶狗

东汉
通高 27.5 厘米，底宽 15.9 厘米，底长 30 厘米
当阳脚东 M2 出土

昂首，竖耳，狗身浑圆，短尾、四足直立。
整器中空。泥质灰陶。

立姿陶狗

东汉
通高 15.6 厘米，长 19.3 厘米，宽 10.3 厘米
当阳高店 M4 出土

仰首，竖耳，四足直立，短尾上翘，憨态可掬，
背部一道鬃毛状凸棱。整器中空。泥质灰陶。

拱手坐姿陶人俑

东汉
通高 18 厘米，长 9.8 厘米，宽 7.7 厘米
秭归庙坪 M25 出土

坐姿，头戴平顶圆帽，手抱于腹前，双腿盘坐。整器中空。泥质红陶。

拱手站姿陶人俑

东汉
通高 17.2 厘米，底宽 6.8 厘米，底长 7.9 厘米
秭归大沱湾 M1 出土

站姿，面部平视前方，拱手置于胸前，宽袖下垂，长衫下部垂于地。整器中空。泥质红陶。

立姿陶鸟俑

东汉

通高 16.9 厘米，通长 17.2 厘米，通宽 9.5 厘米

当阳高店 M4 出土

立姿，鸡首平视，双翼收于腹部，扁尾向后平伸。圆形底座中空。夹砂灰陶。

悬山顶陶猪圈

东汉

通高 17.2 厘米，栏口径 23.2 厘米，底径 20.5 厘米

当阳岱家山 M33 出土

圆形围栏，直口，宽沿，圆唇，平底。屋厕立于栏中，屋顶为悬山式，墙壁呈椭圆筒形，正面有方门，一侧开方窗。栏内附一猪，站姿，猪首平视前方，尾侧卷。泥质灰陶。

带盖灰陶井

东汉

通高 10.5 厘米，口径 12.5 厘米，底径 13.1 厘米

当阳倪家山 M65 出土

器口微敛，宽凹沿，腹壁外斜，底微凹，覆浅盘形弧顶盖。夹细砂灰陶。

盘口双耳网格纹釉陶壶

东汉

通高 28.2 厘米，口径 12.2 厘米，腹径 23.5 厘米，

底径 11.1 厘米

秭归卜庄河 M158 出土

盘口，高直颈，溜肩，鼓腹，底略凹，肩腹交界处附一对小环耳。颈下部饰两道凹弦纹，间以波浪纹。肩及上腹饰三组凹弦纹，下腹至底拍印网格纹。褐陶，器表施釉已脱落。

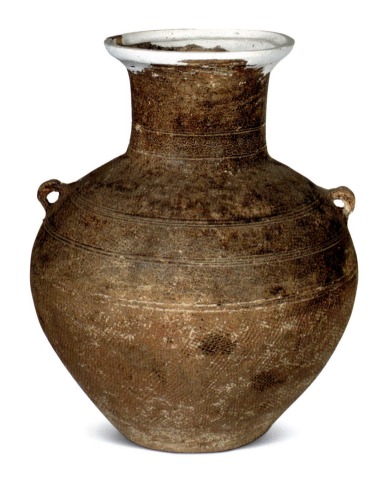

盘口双耳釉陶壶

东汉
通高 25.3 厘米，口径 13.2 厘米，腹径 25.1 厘米，底径 17.5 厘米
宜昌前坪 M109 出土

盘口，高束颈，溜肩，鼓腹，下腹内收，平底，肩部附一对小环耳。颈至腹部饰四组凸弦纹。上有文字，不识。泥质红陶，器表施釉，现已大部分脱落。

小口刻划花瓣纹陶罐

汉

通高 18.8 厘米，口径 6.5 厘米，底径 8.6 厘米

原宜昌市文物处移交

小口微侈，圆唇，短束颈，溜肩，上腹微鼓，下腹斜收，平底。肩饰刻划花瓣纹，上腹饰附加堆纹，下腹削棱。泥质灰陶。

船形双釜眼陶灶

南朝
通高 10 厘米，通长 23 厘米，底长 20.7 厘米
宜昌市星火路 M2 出土

整体略呈船形，前平后尖，后部上翘，圆弧隆面，上有一大一小两个圆形釜眼，前侧面为半圆形，中部有一方形火门。泥质灰陶。

悬山顶陶马厩

南朝
通高 20.2 厘米，檐径 15.4 厘米，底径 13.8 厘米
宜昌市一中 M1 出土

悬山式屋顶，矮脊，乳钉式脊饰，檐角上翘。椭圆形厩栏，中部开一方门与六个镂孔，门下刻一楼梯，下部为不等距竖长方孔栅栏。泥质灰陶。

"自今以去所向如顺"钱纹墓砖

东汉
长 36 厘米，宽 17 厘米，厚 6 厘米
秭归东进门 M8 出土

长方形，一宽面饰粗绳纹，一较长侧面阳刻反文"自今以去所向如顺"，另一较长侧面与一较短侧面阳刻菱形图案与"大泉五十"钱纹图案。夹砂灰陶。

鱼纹墓砖

六朝
长 32.4 厘米，宽 15 厘米，厚 6.6 厘米
秭归卜庄河 M77 出土

长方形，一宽面饰斜绳纹，一侧面饰鱼、龟图案与三角纹 灰陶。

褐胎黑皮陶箕形砚

唐
通高 4 厘米，长 13.8 厘米，宽 13.1 厘米
宜昌前坪采集
————————
箕形，后部一环纽。夹砂褐胎黑皮陶。

执钵三彩陶俑

宋
通高 20.5 厘米，俑高 18.4 厘米
宜昌市北山坡棉花公司出土

头部双髻，面部丰润，浓眉，大鼻梁，口微张，呈微笑状，大耳。双手执钵。上衣右衽，下摆有双叉，下穿落地长裙，裙上中部一腰牌，足前端翘起，后端隐于裙中。足踏长方形垫板。泥质红褐陶，器表施绿、黄、酱三色釉，头、足未施釉。

浮雕兽面陶瓦当

宋

直径 10.8 厘米，长 28.3 厘米

巴东旧县坪出土

瓦身和当面为先分制后接上。瓦身正面光素，背面有麻布纹。当面浮雕兽面，兽面额际饰三角形鬃毛，锯齿状眉毛，双巨圆睁，三角形长条鼻，鬃鬘须明显，吻上部的须较卷由，下部的须垂直向下。夹砂灰陶。

半月形浮雕花卉纹陶滴水

宋

长 19 厘米，宽 17 厘米

巴东旧县坪出土

正面较窄，半月形，上部圆弧，下部为花边，纹饰中心为浮雕花卉，两侧为枝叶。后部呈三角形。泥质灰陶。

浮雕折枝花卉纹陶瓦当

宋

通高 6 厘米，直径 11.9 厘米

巴东旧县坪出土

残存当面，浮雕折枝花卉纹。泥质灰陶。

二龙戏珠酱釉陶魂坛

明

通高 19.3 厘米，内口径 5.6 厘米，外口径 10.8 厘米，

底径 7.4 厘米

宜昌市东门外出土

双唇，内口微敛，外口微侈，外唇上堆塑二龙戏珠造型，短束颈，深腹微鼓，平底。颈至腹中部饰三组附加堆纹，上两组附加堆纹间饰人形纹与云纹。泥质红褐陶，外唇至腹中部施酱釉。

瓦棱纹酱褐釉陶魂坛

明

通高 27.9 厘米，口径 8.5 厘米，腹径 15.2 厘米，

底径 9.3 厘米

原宜昌市文物处移交

口微敛，圆唇，短束颈，折肩，上腹较直，下腹斜收，底座为二层圆台。肩部覆盖筒瓦。子母口盖为攒尖顶，二级塔尖下饰筒瓦。泥质灰陶，通体施酱褐釉。

两进院落式陶楼

明
通高 30.4 厘米，进深 22.5 厘米
原宜昌市文物处移交

由前厅、天井、后堂及厢房组成。门面刻划柱枋，将整屋分为三间，面有三层，底层中部为大门，两侧有矮门，二层两侧各有两个长条形窗，三层有三个花窗。前厅与次间相通，后堂、厢房无门。硬山顶，刻以青瓦屋面，屋脊均有鸱吻，垂脊有走兽。山墙及后墙砖纹呈斗式砌法。

三重檐庑殿顶绿釉陶楼

明
通高 24.3 厘米，基面宽 19.7 厘米，进深 16.4 厘米
原宜昌市文物处移交

———————

三重檐庑顶式，圆纽状脊饰，刻划筒瓦，檐角上翘，
方形屋体，正面开方窗，基座外撇，半圆弧地孔，
六足着地。正面饰以三排舞俑，山墙各饰黄龙
腾云，后墙有楷书"生天堂"。器表施绿色与
黄色釉，釉面多已脱落。

两进院落式硬山顶陶楼

明

通高 38.6 厘米，长 23.2 厘米，宽 16.5 厘米

宜昌市东山出土

由前厅、厢房、后堂、天井、阁楼组成，前厅直通后堂。前厅正立面共分三层：下层中部为长方形正门，两侧为兽门 一鸡、一犬立于门前，四根廊柱立于厅前，柱莨均为莲花底座。中层、上层各有三扇刻花窗。厢房顶有鸟形纹，并有开窗。硬山顶，前厅平脊，脊有鸱吻，垂脊有走兽，顶覆筒瓦，瓦头部位有滴水，后堂脊微弧，脊吻已残，垂脊同前厅。后堂脊部有阁楼，硬山顶，两面水，高手脊有鸱吻，垂脊有鸟吻。覆筒瓦。山墙纹呈斗式砌法。泥质灰陶。

硬山顶三层浮雕鸡犬纹陶楼

明
通高 39.2 厘米，长 22.3 厘米，宽 12.5 厘米
宜昌太平溪白云台出土

前厅面阔三间，三层，底层中部为正门，两侧边门分饰一鸡一犬，中层有六个竖条形窗，顶层有三个花窗。硬山顶，前厅平脊，脊有鸱吻，顶覆筒瓦，瓦头部位有滴水，后堂平脊，有鸱吻，脊顶中部有一小阁楼。前厅与后堂间为方形天井。泥质灰陶。

瓷器

鸡首四系青釉瓷罐

西晋
口径 12.4 厘米，腹径 25.9 厘米，底径 14.3 厘米
原宜昌市文物处移交

敛口，圆唇，矮颈，溜肩，鼓腹，平底。肩部
附四系，并饰鸡首与鸡尾，下腹饰布纹。

盘口四系酱黄釉瓷罐

西晋

口径5.1厘米，腹径10.8厘米，底径6.5厘米

宜昌市第一机床厂 M3 出土

小盘口，束颈，弧肩，扁鼓腹，平底，肩饰四桥形耳。器表施不均匀酱黄釉，下腹及底未施釉。

盘口四系青釉瓷罐

西晋
口径 12.1 厘米，腹径 26.5 厘米，底径 14.5 厘米
原宜昌市文物处移交

盘口，圆唇，束颈，颈部有两圈宽折棱，溜肩，圆鼓腹下部弧收，平底。灰胎，青黄釉，釉体剥落处呈现网格状布纹。

盘口鼓腹青釉瓷壶

西晋

口径 8.6 厘米，腹径 12.5 厘米，底径 10 厘米

宜昌市玻璃厂出土

小盘口，束颈，鼓肩，鼓腹，折圈足。肩部两周凹弦纹。器表施青釉并开片，器底未施釉。

圆盘底座附加堆纹青瓷炉

南朝
通高 11 厘米，口径 12.3 厘米，腹径 13.9 厘米，
底座口径 16.6 厘米，底径 11.8 厘米
宜昌市机床公司出土

炉体子口内敛，上腹竖直，下腹斜收；圆盘形底座斜腹，圈足残。炉体与底座间有中空圆柱和三个打坐佛相连。炉腹饰两周附加堆纹。器表施青釉，底座下腹与底未施釉。

盘口垂腹青釉瓷水盂

盘口，短束颈，矮扁垂腹，大平底。器表施米黄色釉，釉不及底。

南朝

通高 9.4 厘米，口径 9 厘米，腹径 13.7 厘米，底径 11.1 厘米

当阳赵家湖墓群郑家注子 M19 出土

提梁青釉瓷虎子

南朝
通高 18 厘米，长 28.1 厘米
原宜昌市文物处移交

直口翘伸，近沿部饰一周凹弦纹，口上部贴塑虎头，鼓目翘鼻作愤怒状，虎身肥硕，背部有扁圆形拱桥状提梁，提梁背面有菱形带状凹槽，虎尾内卷呈环状，虎腿健壮，四足呈跪立状，虎爪翘起，虎腹部较平。器表施青釉。

青釉瓷虎子

南朝
通高 17.7 厘米，口径 5.6 厘米，长 23 厘米
宜昌市效农委 M1 出土

虎头上扬，口沿部饰一周凹弦纹，虎腹刻划螺旋状虎皮纹，束腰，背部有圆条形提梁，臀部较平，腿部健壮，下有四足，作蹲伏状，平底。器表施青釉。

蛙形青釉瓷水注

南朝

通高 5.3 厘米，通长 9.3 厘米，通宽 8.4 厘米，口径 1.9 厘米，
底径 4 厘米

秭归石门嘴 M9 出土

整器作四足伏地的蛙形，蛙身顶部一小直口，扁圆腹，
平底，器表施青釉，底部未施釉。

青釉盏托

南朝

通高 5.1 厘米，口径 9.9 厘米，底径 12.6 厘米

当阳郑家洼子 M19 出土

盘托碗，碗口微敛，弧腹下收，托盘口微敛，浅弧腹，底内凹。器表施青釉，釉面密布冰裂纹，底未施釉。

铺首耳青釉瓷钵

南朝

通高 7.5 厘米，口径 19.7 厘米，底径 11.1 厘米

原宜昌市文物处移交

敛口，仰折沿，弧腹，平底，上腹饰三个铺首耳。器表施青釉，釉不及底。

六系刻花水波纹青釉瓷盖罐

南朝

通高 8.5 厘米，口径 6.4 厘米，腹径 9.9 厘米，底径 6.9 厘米，
盖径 9.7 厘米

宜昌建 M1 出土

子口微敛，圆唇，直腹，腹底弧收，平底。口沿下附对称双耳，下腹附两组四纽，器盖顶部一纽，盖面微弧近平，盖沿下折与器口扣合。器腹饰三周凹弦纹与两周刻花水波纹，盖面饰两周凹弦纹。器表大部分施青釉，釉面密布冰裂纹。

四系酱釉瓷罐

南朝

通高 19.8 厘米，口径 9.7 厘米，腹径 17.2 厘米，

底径 9.3 厘米

宜昌市东门外出土

敛口，圆唇，短颈，溜肩，深鼓腹，下腹斜收，平底。肩部附四系，并饰三道凹弦纹，腹部饰布纹。器表施酱釉，流釉严重致釉色不匀，腹下部与底未施釉。

圆形矮蹄足青釉瓷砚

南朝

通高 5 厘米，口径 18.4 厘米，腹径 20 厘米

秭归卜庄河 M10 出土

圆形，砚壁极矮，壁外有一周圆唇底沿，砚池微鼓，三矮蹄足外撇。灰白胎，器表施青釉，砚池内无釉。

四系菱形纹青釉瓷罐

南朝
通高 14.4 厘米，口径 11 厘米，腹径 18 厘米，
底径 11 厘米
宜昌市星火路 M5 出土

敛口，圆唇，矮颈，溜肩，上腹圆鼓，下
腹斜收，平底。肩部附四个桥形纽，并饰
两周凹弦纹，其间饰菱形纹。灰胎，器表
施青釉，釉面密布开片，釉未及底。

四系青釉瓷罐

南朝
通高 24.6 厘米，口径 10.8 厘米，底径 15.1 厘米
当阳草埠湖金家台 M1 出土

侈口，方唇，矮束颈近无，深鼓腹，平底，
肩部附四桥形纽。器表施青釉，釉不及底。

盘口四系青黄釉瓷壶

唐

通高 36.6 厘米，口径 14 厘米，腹径 21.2 厘米，
底径 11 厘米

当阳岵家山 M85 出土

盘口微侈，折盘处有一周凸棱，高颈，深鼓腹，平底微凹，肩部四纽均残。灰红色胎，中腹以上施青黄色釉。有少量釉流至下腹，釉面密布冰裂纹。

盘口四系青釉瓷壶

唐

通高 38.5 厘米，口径 22.3 厘米，腹径 22.8 厘米，

底径 17.9 厘米

秭归庙坪 M89 出土

盘口，高束颈，溜肩，深腹，上腹鼓，下腹斜收，平底外撇。肩部附四个曲形双凹槽耳，并有两周酱色点纹。灰白胎，器表施青釉，底未施釉。

盘口四系青釉瓷壶

唐

通高 19.6 厘米，口径 10.4 厘米，腹径 14.9 厘米，
底径 9.7 厘米
秭归望江墓群 M10 出土

盘口，高束颈，弧肩，上腹圆鼓，下腹斜收，平底。肩部附四桥形纽。灰红色胎，口部至上腹施青釉。

环耳彩绘连珠纹黄釉瓷罐

唐
通高 21.7 厘米，口径 14.2 厘米，腹径 18.7 厘米，
底径 16.1 厘米
秭归缆江墓群 M9 出土

口微侈，圆唇，短颈，弧肩，近筒形腹，下腹内收，底内凹，
肩部附一对环耳。肩至下腹饰黑白红三色彩绘连珠圆圈纹与菱
形纹。器表施黄釉。

圆盘形黄绿釉瓷砚

唐

通高 3.8 厘米，口径 22.6 厘米，底径 23.2 厘米

当阳岱家山 M62 出土

圆盘形，浅腹，口微敞，圆唇，砚池圆凸，高出口沿，池面有磨痕，凹底，矮圈足，足沿残破有缺口。青灰胎，青黄釉，砚池未施釉。

刻花暗纹开片青白釉瓷碗

一级文物

宋

通高 6.5 厘米，口径 20.9 厘米，底径 5.9 厘米

枝江安福寺征集

敞口，弧腹，矮圈足，器内饰刻花花卉暗纹。
器内外施青白釉并有开片，足底未施釉。

刻花婴戏莲荷纹青白釉瓷碗

宋

通高 8.7 厘米，口径 20.1 厘米，底径 5.7 厘米

巴东旧县坪出土

敞口，尖唇，弧腹，矮圈足。内壁饰刻花婴戏莲荷暗纹。白胎，青白釉，圈足内无釉，外底有垫烧痕。

刻花缠枝菊花纹青釉瓷碗

宋
口径 12.4 厘米，底径 3.5 厘米
原宜昌市文物处移交

敞口，沿略外翻，弧腹，小圈足。
口沿外有一周凹弦纹，内壁饰刻花
缠枝菊花纹。器内外施青釉并有开
片，足底未施釉。

葵口刻花影青釉瓷碗

宋
通高 8.6 厘米，口径 12.6 厘米，底径 4.9 厘米
宜昌市二中出土

———

葵口，尖唇，弧腹，圈足较高。内壁饰刻
花花瓣状条纹。器内外施影青釉并有开片。

喇叭口盘状托青白釉瓷盏托

宋
通高 9 厘米，盏口径 7.8 厘米，盘口径 12.9 厘米，
底径 6.3 厘米
秭归庙坪 M75 出土

———

敞口，圆唇，浅盘状托，喇叭形圈足较高，
足沿下折。灰红胎，青白釉，圈足内未施釉。

刻花花草纹青黄釉瓷盆

宋
通高 10.3 厘米，口径 41.8 厘米，底径 23.4 厘米
宜昌路家河出土

————

敞口，沿略外翻，浅弧腹，平底。器内壁饰
刻花花草纹。器内外施黄釉，器外釉不及底。

花口瓜棱腹影青釉瓷瓶

宋

通高 18.7 厘米，口径 7.8 厘米，腹径 9.6 厘米，
底径 7.2 厘米

宜昌中堡岛 M113 出土

六瓣荷花形敞口，高领较细，竖椭圆腹呈九瓣瓜棱形。矮圈足外撇，颈饰二组共五道凹弦纹，足饰竖条纹。影青釉瓷。

高足刻花花卉纹影青釉瓷香炉

宋

通高 8.2 厘米，口径 6.5 厘米，底径 4.8 厘米

宜昌市东门外出土

侈口，卷沿，圆唇，深腹微鼓，矮圈足外撇，圈足下有豆柄形底座，底座中部有一周凸棱，下部为一饼形圆台。腹饰刻花花卉纹。影青釉瓷。

莲瓣纹影青釉瓷香炉

宋

通高 7.4 厘米、口径 6.6 厘米、底径 4.1 厘米

宜昌中堡岛 M4 出土

侈口，圆唇，深直腹，腹底弧收，矮圈足，圈足下有二层斜台式底座。器腹外作浮雕莲瓣状。影青釉瓷。

耀洲窑宽平沿刻花莲瓣纹青釉瓷香炉

宋

通高 7.2 厘米，口径 12.8 厘米，底径 6.7 厘米

原宜昌市文物处移交

平折沿甚宽，直腹，圈足较高，略外撇，上有四个对称的近"凸"字形镂孔。外壁饰刻花莲瓣纹。通体施绿色青釉。

酱釉瓷杯

宋

通高 7 厘米，口径 7.7 厘米，底径 4.7 厘米

宜昌东门外出土

侈口，深腹，下腹弧收，短柄，平底。器腹外与口沿内侧施红褐色酱釉并有开片。

双管流乳青釉瓷执壶

宋

通高 20.9 厘米，口径 11.6 厘米，腹径 13.2 厘米，

底径 8.3 厘米

秭归庙坪 M37 出土

敞口，尖唇，细长束颈，瓜棱状鼓腹，矮圈足外撇。颈、腹间有一扁平曲形把手，另一侧上腹附一弯曲的双管流。青白瓷，乳清釉开片。

带盖乳青釉瓷执壶

宋

通高 18.7 厘米，口径 4.4 厘米，腹径 11.8 厘米，底径 7.2 厘米

秭归庙坪 M75 出土

直口，方唇，高直颈，球形鼓腹，矮圈足。颈至上腹一侧附一扁平曲形把手，另一侧上腹附一弯曲管流。口部承子头盖。灰白胎，乳清釉。

菊花纹酱黄釉瓷盘

北宋

通高 4.3 厘米，口径 16.5 厘米，底径 4.7 厘米

秭归望江墓群 M26 出土

敞口，尖唇，浅弧腹，小圈足。器内底饰
刻花菊花纹，内壁饰叶纹。器内及器外上
腹施酱黄釉，下腹与底未施釉。

莲花碗影青釉瓷粉盒

宋

通高 4.8 厘米，直径 10.3 厘米，底径 8.5 厘米

宜昌中堡岛 M110 出土

———————————

盖、身同形，扣合作矮扁的六棱瓜形，子母口，葵口，浅腹，平底，器内三小碗似盛开的荷花，间饰四朵苞蕾与根茎。盖面略微隆起。影青釉瓷。

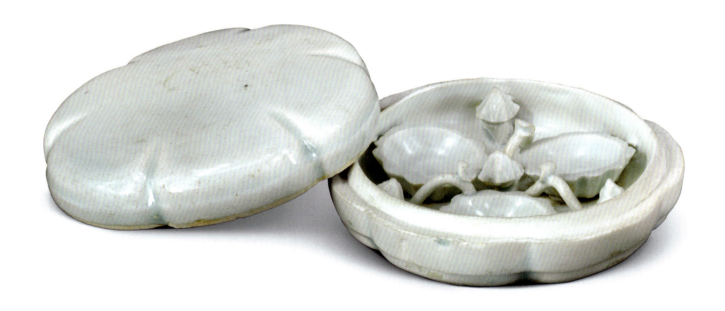

船形花卉纹青黄釉瓷枕

一级文物

宋

长 22.8 厘米，宽 15.5 厘米，高 10.5 厘米

原宜昌市文物处征集

整器略呈船形。顶面弧曲，中间下凹而略窄，两端翘起而略宽，四边框为黄釉窄弦纹，框内为青釉底，其上以浅黄釉与深黄釉刻画花叶纹；四个侧面皆斜直下收，每面都用黄釉宽弦纹形成边框，边框内青釉面绘有四不像纹饰；平底施黄釉。

梯形刻花酱釉瓷枕

北宋

通高 10.8 厘米，通长 21.7 厘米，通宽 13.2 厘米

原宜昌市文物处移交

顶面略呈圆角梯形，两侧边呈弧曲花瓣状，侧面为直壁，平底。顶面饰黑色缠枝花纹，侧面饰刻花太阳花纹。藕粉色胎，器表原施酱釉，现已基本脱落。

瓜棱形酱釉瓷罐

北宋

通高 13.9 厘米，口径 9.6 厘米，腹径 13.1 厘米，

底径 6.2 厘米

秭归望江墓群 M28 出土

侈口，沿外翻，圆唇，束颈甚短，溜肩，瓜棱形鼓腹，底内凹。沿内外及上腹施酱釉，下腹及底未施釉。

双耳附加蝴蝶纹酱釉瓷罐

北宋

口径 14.7 厘米，腹径 19 厘米，底径 17 厘米

秭归望江墓群 M6 出土

侈口，圆唇，短颈，鼓肩，瓜棱腹较为陡直，大平底。肩附两个对称的圆穿方耳，并附有对称蝴蝶纹。口沿内与外壁施酱釉，下腹与底未施釉。

刻花福寿嘉庆纹青黄釉瓷碗

南宋
通高 6.6 厘米，口径 17.1 厘米，底径 5.8 厘米
原宜昌市文物处移交

侈口，圆唇，斜腹内收，璧形足。上腹饰
两道凸弦纹，腹中部饰一道刻划凹弦纹，
碗内饰刻花开光"福寿嘉庆"纹。器内外
施青黄釉，釉未及底。

花卉纹酱釉瓷罐

南宋

通高 11.5 厘米，口径 11 厘米，腹径 13 厘米，底径 9 厘米

秭归卜庄河 M48 出土

敛口，宽斜沿，圆唇，腹壁略弧，平底，底胎厚重。腹部饰酱色菊花枝蔓纹。灰白色瓷胎，口沿外施酱釉。

三彩狮子形瓷灯盏

明

通高30.5厘米，身长24厘米，宽10厘米，座长15.3厘米，宽10.3厘米

兴山邓家坝M1出土

灯盏主体为狮子造型，昂首，长须，鬃毛卷曲，四足直立，狮尾上卷，狮背披鞍，鞍上有腰鼓形插口。足下为长方形圈足底座，底座下又有四个矮足。鞍部饰卷云纹与花卉纹。通体施绿、黄、酱三色釉。

三彩狮子形瓷灯盏

明

通高 30.5 厘米，身长 24 厘米，宽 10 厘米，座长
15.3 厘米，宽 10.3 厘米

兴山邓家坝 M1 出土

灯盏主体为狮子造型，昂首，长须，鬃毛卷曲，四足直立，
狮尾上卷，狮背披鞍，鞍上有腰鼓形插口。足下为长方形圈
足底座，底座下又有四个矮足。鞍部饰卷云纹与花卉纹。通
体施绿、黄、酱三色釉。

竹节高足青花花草纹瓷锺

明

通高 11.6 厘米、口径 13.1 厘米、底径 4.7 厘米

宜昌市财政局移交

侈口，圆唇，弧腹，竹节状高足中空，足下端外撇。外腹、内口沿下、内底皆饰青花花草纹。足饰三道青花弦纹。白胎，青白釉。

三彩胡人瓷牛车

明

通高 11.3 厘米，通长 18.9 厘米，通宽 9.2 厘米

原宜昌市文物处移交

整器为一头壮牛拉着一辆双轮弧顶车，车前站有两个胡人，器下附一层平底座。器身施绿、黄、酱三色釉。

鼎形青釉瓷香炉

明
口径 7.1 厘米，底径 7.5 厘米
原宜昌市文物处移交

侈口，仰沿，圆唇，束颈，折肩，鼓腹，三柱足，S 形双耳附于口沿至肩部，六边形十字镂孔底座。器沐施青釉，座底及器内底未施釉。

成化年制花卉纹三彩瓷瓶

明
通高 21.3 厘米，口径 4.4 厘米，腹径 11.9 厘米，
底径 6.4 厘米
原宜昌市文物处移交

直口，圆唇，高直领，鼓腹，矮圈足。颈部与腹部饰绿色、
黄色凤凰恋菊和双碟戏舞纹。底款"成化年制"。白釉，
有冰裂纹，底足未施釉。

球腹哥釉绿瓷瓶

清

通高 29.1 厘米，口径 6.47 厘米，腹径 19.5 厘米，

底径 10.2 厘米

原宜昌市文物处移交

直口，方唇，高直领，球形鼓腹，底内凹。外施绿釉不及底，有冰裂纹，内施灰白色釉，通体光滑泽亮。

乾隆盘口龙耳蓝釉瓷瓶

清

通高 37.5 厘米，口径 18.6 厘米，腹径 20 厘米，

底径 14.8 厘米

原宜昌市文物处移交

盘口，圆唇，高束颈，弧折肩，上腹近直，下腹弧收，矮圈足外撇，颈部附对称龙形双耳。外施蓝釉，内施青白釉。

道光"成化"款哥釉铁花铺首衔环瓷瓶

清

通高 58.7 厘米，口径 18.7 厘米，底径 19 厘米

宜昌市一医院出土

侈口，方唇，高束颈，溜肩，深鼓腹，底内凹，肩部附对称的铺首衔环耳。肩饰铁花雷纹。下腹饰铁花规矩纹。紫口铁足，通体饰纵横交错的开片纹。器表施白釉，圈足底未施釉。器底款"成化年制"。

"乾隆"款菱口豆青地青花牡丹纹大瓷盘

清

通高 6.9 厘米，口径 36.8 厘米，底径 17.9 厘米

原宜昌市文物处移交

菱口，仰沿，浅弧腹，矮圈足内凹。盘沿及内底施青花牡丹纹。豆青釉瓷。器底款方形篆体"大清乾隆年制"。

道光敞口浅腹刻花折枝莲纹青釉瓷盘

清

通高 6.2 厘米，口径 37.7 厘米，底径 19.9 厘米

原宜昌市文物处移交

大敞口，圆唇，浅斜腹，矮圈足。器内饰刻
花折枝荷叶纹。冬青釉，足底未施釉。

道光青花釉里红孔雀牡丹纹瓷缸

清
通高 44.5 厘米, 口径 36.2 厘米, 底径 25 厘米
原宜昌市文物处移交

大口微敛, 沿部宽平, 短颈微束, 溜肩, 深鼓腹, 下腹内收, 腹底部近直, 矮圈足。沿部饰一周青花釉里红牡丹花瓣纹, 颈部饰一周青花雷纹, 肩饰一周斜方格夹釉里红牡丹纹。腹饰青花孔雀牡丹纹, 有蝴蝶翩翩飞舞于牡丹之中, 腹底部饰回纹、蕉叶纹。

嘉庆青花人物图瓷缸

清

通高 39 厘米，口径 47 厘米，底径 38 厘米

原宜昌市文物处移交

大口微敛，平折沿较宽，鼓腹，下腹斜收，矮圈足内凹。沿面饰青花变形龙纹。上腹饰一周连珠纹及一周如意纹。腹中部饰两组青花人物图，一组为山水、鸟纹，饰人物两个，一人手捧仙桃，另一人肩扛竹杖，杖头有一只猎物。另一组为家庭人伦图，一妇人手抱小孩立于门内，一犬作咆哮状，一青年男子肩扛船桨，一龙钟老者手拄拐杖作交流状立于一小男孩之前，男孩手指二人，似在申辩。院内可见树枝伸出　院外可见松、竹、怪石等景。下腹饰组合式花瓣纹。

镇江阁青花瓷宝顶

清

通高 27.9 厘米．内口径 8.6 厘米．外沿径 24.8 厘米．

腹径 23.4 厘米．足径 14.3 厘米

宜昌镇江阁征集

敛口，八瓣菱花形口沿，沿内有两个对称镂孔，短束颈，鼓腹，足略外撇，底透穿。腹饰青花藤蔓式花卉纹。器表施白釉。

乾隆年筒式三足刻花缠枝牡丹纹青釉瓷香炉

清
通高 14.2 厘米，口径 18 厘米
原宜昌市文物处移交

整体呈筒形，口微敛，内卷，仰折沿，直腹，平底，底附三个长条形矮足，腹饰刻花缠枝牡丹纹。器内腹部饰八道凸棱。器身施青釉并有开片，外底未施釉。

菱花口堆塑白釉瓷杯

清

通高 7 厘米，口长径 10.2 厘米，短径 7.5 厘米，足径 3.9 厘米

原宜昌市文物处移交

四棱菱花形器口，敞口，口下内弧聚收为直腹，环形圈足外侈，腹饰龙、虎、鹤、羊及梅花等堆塑图案。白釉，瓷质细腻，光泽如玉。

椭圆口蕉叶纹青黄釉瓷范

清

口长径 16.1 厘米，短径 12.7 厘米，底长径 9 厘米，

短径 6.3 厘米

原宜昌市文物处移交

椭圆形器口，侈口，弧腹，饼足，器内壁饰蕉叶纹，内底饰变形鱼纹与花卉纹。器体施青黄釉并有开片，底部未施釉。

马鞍式青花开光花草纹瓷枕

清
通高 16.6 厘米，长 25.5 厘米，宽 14.4 厘米
原宜昌市文物处移交

形似马鞍，拱顶，侧面直壁，平底。通体饰青花开光花草纹，顶面饰开光菊花纹，正、背面饰开光牡丹纹，两侧立面饰开光荷花纹。侧立面有一近似圆形气孔。施釉不及底。

"乾隆"款《滕王阁序》文粉彩橄榄尊

中华民国
通高 41.6 厘米,口径 14.7 厘米,底径 17.5 厘米
原宜昌市文物处移交

通体呈橄榄形,敛口,圆唇,竖橄榄形深腹,三级圆台状底座。器表锦地墨彩,沿部以下有三道凸棱,上饰一组勾连雷纹和三组连珠花瓣纹。腹饰两组开光粉彩图案,一组为石钟山及墨书《石钟山记》文,另一组为滕王阁及墨书《滕王阁序》文,周围饰以缠枝梅花纹。底座上、下级饰勾连雷纹,中部一级饰环带纹。器底款"乾隆年制"。

石鐘山記

《水經》云：彭蠡之口有石鐘山焉。酈元以為下臨深潭，微風鼓浪，水石相搏，聲如洪鐘。是說也，人常疑之。今以鐘磬置水中，雖大風浪不能鳴也，而況石乎！至唐李渤始訪其遺蹤，得雙石於潭上，扣而聆之，南聲函胡，北音清越，桴止響騰，餘韻徐歇。自以為得之矣。然是說也，余尤疑之。石之鏗然有聲者，所在皆是也，而此獨以鐘名，何哉？

元豐七年六月丁丑，余自齊安舟行適臨汝，而長子邁將赴饒之德興尉，送之至湖口，因得觀所謂石鐘者。寺僧使小童持斧，於亂石間擇其一二扣之，硿硿焉。余固笑而不信也。至莫夜月明，獨與邁乘小舟，至絕壁下。大石側立千尺，如猛獸奇鬼，森然欲搏人；而山上棲鶻，聞人聲亦驚起，磔磔雲霄間；又有若老人欬且笑於山谷中者，或曰此鸛鶴也。余方心動欲還，而大聲發於水上，噌吰如鐘鼓不絕。舟人大恐。徐而察之，則山下皆石穴罅，不知其淺深，微波入焉，涵澹澎湃而為此也。舟回至兩山間，將入港口，有大石當中流，可坐百人，空中而多竅，與風水相吞吐，有窾坎鏜鞳之聲，與向之噌吰者相應，如樂作焉。因笑謂邁曰：汝識之乎？噌吰者，周景王之無射也；窾坎鏜鞳者，魏莊子之歌鐘也。古之人不余欺也！

事不目見耳聞，而臆斷其有無，可乎？酈元之所見聞，殆與余同，而言之不詳；士大夫終不肯以小舟夜泊絕壁之下，故莫能知；而漁工水師雖知而不能言。此世所以不傳也。而陋者乃以斧斤考擊而求之，自以為得其實。余是以記之，蓋歎酈元之簡，而笑李渤之陋也。